AF268156

LA SALETTE

ET LES TEMPS PRÉSENTS

1846-1879

« Si mon peuple ne veut pas se soumettre, je suis
obligée de laisser aller le bras de mon Fils. »
(Paroles de la Sainte-Vierge aux Bergers.)

PARIS

JULES VIC, LIBRAIRE, 11, RUE CASSETTE

—

1879

LA SALETTE

ET LES TEMPS PRÉSENTS

« Eh ! bien, mes enfants, vous le ferez passer
à mon peuple. »

(Paroles de la Sainte-Vierge.)

Il y a eu le 19 septembre dernier trente-trois ans, la Sainte-Vierge apparaissait sur la montagne de la Salette à deux petits montagnards gardant leurs troupeaux dans ces solitudes alpestres, et leur révélait les secrets d'En-Haut. Leur dévoilant l'avenir, la céleste Messagère chargeait ces deux humbles enfants d'une haute mission, celle de prêcher aux hommes le retour à la pratique de la loi divine, s'ils ne voulaient attirer sur eux le courroux de Dieu, et encourir la juste punition de leurs crimes multipliés.

Le fait est assez connu pour qu'il ne soit pas nécessaire de le raconter à nouveau ; les preuves de sa réalité ont été assez multiples et assez éclatantes, sans que nous ayions à le démontrer une fois de plus. Nous préférons nous reporter à l'époque déjà lointaine où s'accomplit cette miséricordieuse apparition, non pas tant par l'espace que par les événements accomplis depuis lors, et de là jeter un coup d'œil rapide sur le tiers de siècle si mouvementé qui nous sépare de ce point de départ.

Si nous avons la douleur, en cheminant, de constater l'endurcissement des hommes et leur mépris pour les avertissements célestes, nous trouverons en même temps, dans cette étude, et la pleine confirmation du fait, et la preuve manifeste de la prédilection spéciale de la Sainte-Vierge pour notre pauvre pays, si cher à son cœur maternel, malgré ses égarements et ses décrépitudes.

Et puis, n'est-ce pas une consolation pour un cœur chrétien de voir l'œuvre de Dieu poursuivre son cours immuable à travers les oscillations humaines, de contempler, de ces sommets éclairés par la foi, l'Église continuant sa mission divine, malgré les oppositions qui lui viennent de toutes parts, les persécutions ouvertes ou latentes, hypocrites ou brutales dont elle est la constante victime; enfin de constater l'inanité des efforts des égarés et des renégats, pour empêcher la vérité de se faire jour, et les manifestations de la puissance divine d'affirmer l'intervention de la Providence en ce monde.

I

C'était en 1846; la monarchie de Juillet, fille de l'émeute, depuis seize ans déjà, tenait la France en tutelle, prétendant l'avoir dégagée à tout jamais des entraves et des préjugés du passé, et avoir réglementé et affermi pour toujours l'œuvre de quatre-vingt-neuf. Sur le trône était assis un roi qui régnait, mais ne gouvernait pas. La bourgeoisie dominait en tous lieux; fière des cours de la Bourse et de l'essor des affaires, elle écrasait la classe supérieure du poids de son or, et croyait avoir imposé silence aux appétits d'en-bas, en célébrant la prospérité du jour dans de longs dithyrambes.

L'Église, austère et vigilante gardienne des grands principes d'ordre social, toujours et partout suspecte à la Révolution, était tenue à l'écart; la religion ne comptait plus dans les affaires de ce monde, ses dogmes étaient ignorés de cette société mercantile, ses pratiques étaient oubliées, ses temples se vidaient, et l'indifférence religieuse devenait de plus en plus générale.

Comment eût-il pu en être autrement?

L'Université avait monopolisé l'instruction, et des générations successives avaient puisé dans ses colléges le scepticisme et l'incrédulité.

Malgré les efforts soutenus, tant au sein du Parlement que dans la presse religieuse, d'athlètes catholiques dont la mémoire est demeurée en vénération, la liberté d'enseignement n'avait pu être obtenue. Quelques rares institutions chrétiennes jouissaient du privilége de donner à leurs élèves l'instruction complète; aussi de nombreux jeunes gens étaient-ils obligés, pour recevoir l'éducation du choix de leurs familles, d'émigrer, chaque année, dans les contrées voisines où cette liberté, sacrée entre toutes, avait trouvé un asile.

Tout semblait pour le mieux dans le meilleur des mondes, pour les maîtres d'alors. Ils croyaient avoir fait savamment la part de chacun, avoir donné satisfaction à toutes les aspirations bonnes ou mauvaises, légitimes ou non, et le navire de la chose publique, gonflé par le souffle de Voltaire, naviguait, pensaient-ils, en toute sécurité, dans des eaux connues et paisibles.

Et pourtant, malgré une satisfaction apparente à peu près générale ; malgré une prospérité dont les gouvernants faisaient valoir les grandeurs ; malgré l'assurance d'une longue ère du régime constitutionnel et parlementaire sur lequel s'étayait le trône, dont les assises semblaient désormais à l'abri des soulèvements populaires, des appréhensions se faisaient jour. On rejetait, parmi les hommes dont le regard attentif sondait l'avenir, à la mort du vieux roi, des complications qui paraissaient inévitables à cette heure critique ; la nation entière ne partageait pas la sécurité dont on faisait parade dans les sommets.

Si l'émeute ne se montrait plus dans la rue ; si, déjà, depuis longtemps, les pavés de la capitale, si souvent remués au début du nouveau régime, demeuraient immobiles, l'opposition grandissait, le mot de réforme, précurseur de revendications plus radicales, était fréquemment prononcé, et de grands scandales, symptômes irrécusables d'une démoralisation croissante, se produisent coup sur coup. Il y avait dans l'atmosphère politique, comme un de ces calmes étouffants qui pèsent sur l'organisme et précèdent les grands orages.

Telle était la situation de notre cher pays, quand au sein de cette société qui ne croyait plus au miracle, ni à l'intervention divine ici-bas, éclata soudain ce bruit étrange : la Sainte-Vierge est apparue à deux jeunes bergers, sur une des cimes des Alpes ; elle prédit de grands malheurs à la France, si la loi de Dieu n'est pas mieux observée, et, surtout, si le repos dominical continue à être violé, si le nom de Dieu ne cesse d'être blasphémé.

Il est facile de penser comment la nouvelle fut accueillie par les puissants et les philosophes, les savants et les lettrés de l'époque. Le rictus de Voltaire effleura leurs lèvres sarcastiques ; le fait ne valait pas la peine d'être contrôlé ; leur sagesse était trop profonde, leur habileté était trop grande pour s'occuper d'une si petite affaire, pour s'inquiéter des menaces d'En-Haut, traduites par la bouche de deux enfants des montagnes illettrés et superstitieux. C'était une hallucination, un mirage, rien.

Et pourtant ces enfants hallucinés ont été crus; ce rien est devenu un fait imposant et considérable; bravant la colère des uns, les sarcasmes des autres, les populations émues sont accourues à la Salette, et cette cime des Alpes, déserte et inconnue, devint promptement le rendez-vous des foules, malgré les longueurs du chemin et les difficultés de l'ascension.

Ce qui est advenu depuis sur ce mont perdu dans la nue, chacun le sait. Aussi longtemps que les neiges n'entravent pas l'accès de la sainte montagne, le flot des pèlerins ne cesse d'envahir ces sommets escarpés, c'est un flux et reflux incessant. Un magnifique sanctuaire a été élevé à cette altitude jadis accessible aux seuls pâtres de ces solitudes, de vastes bâtiments l'entourent, les voies ont été aplanies; rien n'a pu arrêter l'expansion de la dévotion à Notre-Dame de la Salette, qui a pris possession du monde entier.

C'est qu'aussi là de nombreux miracles se sont accomplis; c'est que là Marie déploie sa puissance et sa miséricorde, depuis un tiers de siècle; et que peuvent contre des faits patents et multipliés, les arguties de la science, les négations de la libre-pensée et les invectives de l'impiété?

L'apparition est donc indéniable; le Pape infaillible a sanctionné la dévotion et l'a comblée des divines largesses dont il est le dispensateur ici-bas, d'innombrables faits d'ordre surnaturel l'ont étayée et la piété du monde catholique l'a confirmée.

II

Quant aux prédictions, qu'en dirons-nous?

Ah! nous n'avons qu'à repasser rapidement les années écoulées depuis lors, pour nous convaincre que la majeure partie s'est déjà réalisée.

Le discours de la Sainte-Vierge aux bergers a été redit en tous lieux; partout a été mis à exécution l'ordre de Marie: *Eh bien! mes enfants, vous le ferez passer à mon peuple.*

Mais ce pauvre peuple, égaré de plus en plus, a perdu la notion du vrai, il n'écoute plus que les sophistes qui l'éloignent de Dieu; la voix de la vérité ou ne parvient pas jusqu'à lui, ou l'effraie et le trouve insensible.

Marie avait, de la part de son divin Fils, menacé les hommes dans leurs biens temporels, dans le fruit de leurs rudes labeurs, s'ils ne revenaient à la pratique de la loi de Dieu. Ces menaces ont été méprisées. Aussi, n'avons-nous pas vu la maladie des pommes de terre qui commençait alors, progresser et étendre ses ravages? Depuis quelques années, un nouveau mal, plus redoutable encore, n'a-t-il pas atteint ce précieux tubercule en certaines régions ?

Et cette pourriture des raisins dont parlait la Sainte-Vierge, l'oïdium, ne l'a-t-il pas réalisée trop littéralement depuis longtemps, disparaissant d'une contrée pour reparaître dans une autre, cessant ses ravages une année pour les faire sentir plus intenses la suivante, mais, en définitive, demeurant en permanence sur un point ou sur un autre?

Et le phyloxéra qui a dépeuplé des contrées entières naguère fertiles, aujourd'hui incultes, naguère florissantes, aujourd'hui misérables; le phyloxéra qui, chaque année, étend son néfaste empire au sein de nos plus riches vignobles, le phyloxéra contre lequel la science lutte impuissante, depuis bientôt dix ans, n'est-ce pas là encore un fléau?

Et en ce moment, une plainte immense ne s'élève-t-elle pas de toutes parts? Un hiver prolongé n'a pas permis à la végétation de se développer à l'heure habituelle; les récoltes en céréales médiocres ont été tardivement et péniblement amassées; les fruits font défaut presque en tous lieux ; la grande culture de la vigne, source de tant de richesses en France, est atteinte presque irrémédiablement pour cette année.

Nous le savons, l'homme, ingrat et arrogant de sa nature, ne remarque dans ces fléaux que des accidents partiels. Un instant il tremble pour son lendemain, mais comme il trouve encore à assouvir sa faim et à étancher sa soif, il oublie et méprise les avertissements d'En-Haut. Il ne voit pas, dans cette longanimité de Dieu à réaliser entièrement ses menaces, une preuve de l'infinie miséricorde du suprême Auteur de tout bien, qui ne châtie qu'à regret et ne demande qu'à pardonner. Il semble, d'ailleurs, ne pas vouloir concéder à Dieu ce qu'il accorde à ses législateurs, le droit et le devoir d'appuyer d'une sanction pénale les lois qu'il a promulguées.

Nous le savons encore, chaque fois que, en présence de grandes calamités, de fléaux terribles, d'intempéries prolongées, la voix autorisée des pasteurs de l'Église, ou la presse catholique, rappellent la puissance de Dieu, se manifestant par ces événements, pour ramener l'humanité oublieuse dans la voie du devoir, la presse anti-religieuse jette les hauts cris, et prodigue à ces naïvetés d'un autre âge ses sarcasmes et ses objurgations.

Ces clameurs et ces dédains n'ont rien d'étonnant. La presse révolutionnaire et impie n'a qu'un but : combattre les œuvres de Dieu, détruire, si cela était en son pouvoir, le Catholicisme. Comment, dès lors, pourrait-elle concéder à Dieu une puissance qui, admise, ramènerait les masses à la pratique de la loi divine, par la crainte du châtiment ? Elle est donc dans son rôle en s'insurgeant contre cette interprétation des fléaux ; mais les catholiques ne sauraient s'émouvoir de ces colères intéressées, de ces injures grassement soldées d'écrivains qui font métier de pervertir les peuples, et s'enrichissent aux dépens de la morale publique.

Un fait demeure, au milieu de toutes ces contradictions, fait qui, malgré les dénégations de la libre-pensée et l'orgueilleuse prétention de la science contemporaine de tout connaître, de tout fouiller, de tout guérir, fait trembler tout homme réfléchi, croyant ou incroyant, c'est la persistance des maladies diverses atteignant les végétaux les plus précieux pour l'alimentation publique, maladies inconnues avant la seconde moitié de ce siècle.

Comment ! ces faits ont été prédits, ils se réalisent littéralement, et ce serait faire preuve de superstition que d'ajouter foi à l'apparition dans laquelle ils ont été révélés !

Non, l'homme a beau s'insurger contre l'ordre surnaturel, ses révoltes n'y font rien, Dieu demeure libre de déroger aux lois naturelles qu'il a établies. Il semble, d'ailleurs, que plus l'homme, se plongeant dans le matérialisme, veut échapper à cette puissance supérieure qui régit toutes choses ici-bas, plus il nie le surnaturel, plus le surnaturel l'écrase de manifestations multipliées. L'histoire des trente dernières années abonde en preuves à l'appui de cette assertion.

III

Et, dans un autre ordre de choses, que voyons-nous encore, en étudiant l'histoire contemporaine ?

Depuis 1846, a passé rapide comme l'éclair, mais terrible comme la foudre, la tourmente de 1848 qui a secoué si rudement les somnolents et les repus de la veille, semé tant de ruines et fait couler tant de sang.

Le deuxième Empire a semblé un moment apporter quelque soulagement aux cœurs opressés, aux consciences alarmées, aux intérêts menacés, au pays anxieux ; mais ce n'était là encore qu'une forme nouvelle de la révolution, une étape dans l'erreur. Nous avons vu renaître une prospérité éphémère et malsaine, accompagnée d'un regain de débauche et d'agiotage, au sein desquels se pervertissait de plus en plus l'esprit public et sombraient les mœurs.

La religion remise en honneur, par nécessité, au début, ne tarda pas à devenir l'objet de mesquines tracasseries, bientôt converties en persécution ; on lui forgeait des entraves, tout en protestant d'une hypocrite soumission.

Une grande conquête pourtant avait été faite, fruits des luttes des régimes antérieurs, la liberté d'enseignement décrétée permit à une nombreuse jeunesse d'accourir dans des établissements catholiques, jaillis, comme par enchantement, du sol fécond de notre France.

Grâce à cette conquête, l'esprit des classes dirigeantes s'est réformé, un grand progrès s'est accompli dans leur sein ; mais les masses, faciles aux entraînements, les masses auxquelles on prêchait par la parole et par l'exemple, l'amour des jouissances et du confort, de plus en plus dociles aux pernicieuses doctrines de sophistes haineux et de vulgaires mécontents rêvant une revanche, continuaient à se laisser entraîner loin de Dieu et de ses lois.

Aussi, quand au lendemain d'un désastre inouï dans l'histoire des Francs, provoqué par une imprévoyance coupable et fatale, au milieu même de formidables complications, la nation rejeta loin d'elle un régime qu'elle méprisait, elle se jeta dans les bras des semeurs d'ivraie, ou, plutôt, elle devint la proie des ambitieux qui, depuis longtemps, guettaient le pouvoir pour assouvir leurs vastes appétits. Pendant que l'étranger foulait insolemment le sol de la patrie, s'inaugurait la persécution religieuse, se déchaînait la haine de Dieu et de ses œuvres, plus intense que jamais, et l'émeute grondait dans plusieurs grandes villes.

Après les humiliations et les désastres de l'invasion étrangère, les hontes, les douleurs et les ruines de la guerre civile, les sanglantes hétacombes de la Commune, la dévastation et les incendies de la capitale, reconquise sur des forcenés après une lutte longue et meurtrière

Est-ce fini ? Hélas ! nous regrettons de ne pouvoir dire oui.

Depuis, c'est ici de l'histoire actuelle, nous foulons un sol brûlant, nos maîtres de l'heure présente sont ombrageux, et jettent facilement aux catholiques cette insulte, qui trouve toujours crédules les foules surexcitées par une presse immonde, que nous n'aimons pas les institutions présentes. Non, il n'est pas vrai que le catholique ait une aversion native pour le gouvernement républicain ; l'Église ne réprouve aucune forme gouvernementale, elle vit en paix avec tous les régimes honnêtes, respectueux de ses droits et n'entravant pas sa divine mission.

Mais quand toutes les haines, toutes les rancunes, toutes les colères se déchaînent au grand jour, contre Dieu, son Église, ses pontifes et ses pasteurs, sans être refrénées par le pouvoir ; quand au sein du Parlement, comme dans la presse de tout format et de tout étage, c'est un tolle général contre nos dogmes, nos institutions et nos plus légitimes conquêtes, entre lesquelles la liberté d'enseignement ; quand, sous l'œil même du gouvernement et à l'abri de la censure maintenue, s'étalent impudemment, en tous lieux, aux regards d'une foule avide de scandales et d'obscénités, les peintures les plus déshonnêtes et les plus insalubres dirigées toutes contre la religion et ses ministres ; quand, en un mot, on attaque impunément, avec un cynisme révoltant et une violence inouïe, tout ce qui est cher à un cœur catholique; n'est-il pas permis aux fils de l'Église, atteints dans leurs plus saintes affections, de sentir leur conscience se révolter? Peut-on exiger d'eux qu'ils applaudissent à un régime qui laisse traîner dans la boue ce qu'il y a de plus sacré à leurs yeux?

Oui, les catholiques aiment la France autant que qui que ce soit, à l'heure du danger ils ne lui marchandent pas leur sang; mais ils aiment d'un égal amour Dieu et l'Église. Si la patrie est la mère de tous les Français et a droit à leur amour, l'Église est la mère de tous les catholiques, et, à ce titre, chacun de ses enfants peut répéter, quand il la voit outragée, insultée, honnie, ce cri d'un chant populaire remis en honneur :

« C'est ma mère, je la défends. »

Enfin, quand nous voyons le gouvernement élaborer, présenter et soutenir, avec un zèle digne d'une meilleure cause, devant les représentants du pays, une loi sur l'enseignement attentatoire à la liberté primordiale et sacrée de tout père de famille, de donner à ses enfants une éducation à sa convenance et des maîtres de son choix ; quand, au mépris du vœu des populations et des protestations des pères de famille, nous voyons, en tant de lieux, les municipalités, remplacer les instituteurs congréganistes par des instituteurs laïques, dans le but unique et avéré de créer l'école sans Dieu et l'éducation sans foi, serait-il permis aux catholiques de ne pas protester de toute l'énergie de leurs consciences alarmées et de leurs âmes ulcérées? Peuvent-ils se désintéressér, sans forfaire au devoir, de si hautes et si graves questions?

Peuvent-ils considérer, sans trembler pour l'avenir de la société, les générations naissantes menacées de grandir dans l'ignorance des lois divines qui seules sont efficaces à garantir l'homme contre les entraînements du vice, et les peuples contre la décadence?

IV

Quelle société, d'ailleurs, veut-on édifier sur les ruines de la société chétienne? Nous entendons bien jeté à tous les échos, du haut en bas de l'échelle démocratique, ce cri de ralliement commun aux opportunistes et aux radicaux, aux satisfaits et aux impatients : *Le Cléricalisme* (lisez catholicisme), *voilà l'ennemi!* Mais par quoi veut-on remplacer le catholicisme?

Vous voulez une société sans Dieu, sans croyances ni pratiques religieuses d'aucune sorte.

L'essai d'une telle société n'est pas à faire. L'humanité, un jour, oublia la notion de la vérité, elle rejeta le vrai Dieu de son sein. Mais les peuples ne sauraient vivre sans l'idée d'un être supérieur présidant à leurs destinées. Dieu disparu, d'innombrables divinités apparurent sur les autels; il y en avait de tous les rangs et de toutes les tailles; l'homme se forgea des dieux à la hauteur de sa nature déchue, soumis aux mêmes passions, aux mêmes infirmités, sujets aux mêmes entraînements que lui, excusant ainsi toutes ses aberrations, légitimant toutes ses turpitudes.

L'étude de l'histoire ancienne occupe trop de place dans l'instruction des générations contemporaines, les auteurs de l'antiquité païenne sont l'objet d'une trop grande prédilection, pour que les hommes qui nous gouvernent, aussi bien que ceux qui attendent leur succession avec une impatience peu déguisée, unis dans une même haine contre Dieu et l'Église, ne sachent pas, comme nous, quelle société avaient produit cet oubli de Dieu, ce mépris de la loi naturelle qu'il a gravée au fond de la conscience humaine.

Veut-on nous faire rétrograder aux beaux jours du paganisme?

Admettons que les peuples ne reviennent pas au culte des idoles, l'absence de Dieu, l'oubli des préceptes divins, n'en ramèneront pas moins l'humanité aux errements, aux dégradations de ces temps désolés.

Rêve-t on pour la société française les institutions de la Rome païenne? Une armée d'esclaves au service de quelques nobles patriciens, de quelques citoyens privilégiés.

Qui donc a fait disparaître l'esclavage du monde? Le Christianisme.

Qui donc a rendu la vie humaine sacrée, et rappelant le précepte du décalogue : *Vous ne tuerez pas*, a fait cesser ce droit abusif de vie et de mort exercé si longtemps dans l'antiquité? Le Christianisme.

Qui donc a annobli la pauvreté?. Le Christianisme.

Qui donc a pris le faible et l'indigent sous sa protection, et a montré au privilégié de la fortune, un frère, dans cet être souffrant, délaissé et méprisé dans les sociétés antiques? Le Christianisme.

Qui donc a toujours pris la défense du droit contre la force, du devoir contre l'abus, de la vérité contre l'erreur? Le Christianisme.

Qui donc a sauvé d'un irrémédiable naufrage les œuvres littéraires de l'antiquité, et a ainsi facilité l'éclosion de la littérature moderne? Le Christianisme, dans les monastères de ses religieux.

Est-ce pour ses éclatants services, et la civilisation qu'il a introduite dans le monde qu'on veut le détruire?

Quand la croix, signe auguste de la rédemption, étendard sacré du catholicisme disparaît, avec elle disparaît tout vestige de civilisation : plus de notion du vrai, plus de distinction entre le juste et l'injuste, entre le bien et le mal, ou plutôt le mal s'érige en dominateur, plus de droits sauvegardés, l'arbitraire règne en maître souverain, la vie humaine elle-même n'est pas respectée : c'est l'antique barbarie qui renaît, l'humanité retourne à l'état sauvage.

Qu'on se rappelle quatre-vingt-treize, époque de sanglante mémoire, dont une école démagogique ne cesse de célébrer les grandeurs ; les temples furent fermés, les autels détruits, les ministres du Seigneur pourchassés comme des bêtes fauves ; des milliers de victimes innocentes furent immolées, dont le seul crime était d'adorer Dieu et de pratiquer la religion, pendant que la déesse Raison trônait sur les autels de la République ; nous voici bien près du paganisme. Ceci c'est de l'histoire, il y a moins d'un siècle que se produisirent ces faits honteux.

Et plus près de nous, pourrait-on avoir oublié l'état de la capitale, dont nous parlions il y a un instant, sous la domination des énergumènes qui s'en étaient emparés à la suite de nos désastres et, pendan deux mois, en firent un repaire d'assassins : les églises souillées et dévastées, les prêtres incarcérés, les monuments incendiés, les fusillades de la place Vendôme et de la Roquette, les massacres de la rue Haxo et de la barrière d'Italie, tout cela accompli sous les yeux d'une populace en délire conspuant les victimes, et applaudissant aux sinistres exécuteurs de ces horribles hécatombes. Ceci date d'hier, il y a moins de dix ans nous avons été les témoins attristés de ces lugubres événements.

V

Il est donc impossible de ne pas constater avec douleur la gravité des périls qui nous menacent ; nul homme désintéressé et consciencieux, catholique ou non, ne saurait nier que nous marchons aux plus effroyables catastrophes, au plus vaste effondrement que puisse redouter une nation, si nous ne nous arrêtons sur la pente qui nous entraîne. Il faudrait être sourd pour ne pas entendre les mugissements de la tempête qui se déchaîne, les grondements de l'orage qui monte ; il faudrait être aveugle pour ne pas voir le torrent qui nous roule dans ses plis fangeux vers le précipice. L'ère de la persécution contre la religion est rouverte, aujourd'hui tracassière et mesquine, elle légifère ; demain, si on continue à laisser dire et faire, brutale et sanglante, elle renouvellera les drames horribles de 1871.

Croît-on que la nation sera plus heureuse parce que la religion sera persécutée et que les religieux seront tenus en interdit, ou chassés de leurs couvents, en attendant que l'on ferme les temples et qu'on massacre les prêtres ? Une expérience constante démontre que les temps de persécution sont toujours désastreux.

Oui, pour n'avoir pas voulu profiter des avertissements de la Salette et des enseignements de Marie, la France descend aux abîmes. Qu'importent, en face des événements qui se produisent, les affirmations contraires, et cette constante assurance, démentie aussi constamment par les faits, d'une prospérité qui ne vient jamais.

Le pauvre peuple que la Sainte-Vierge appelait si maternellement son peuple, séduit par de mensongères promesses, égaré par des libelles infâmes répandus à profusion à la ville et à la campagne, oublie chaque jour davantage les lois divines dont le mépris, au témoignage de la Mère de Dieu, rend *le bras de son Fils si lourd et si pesant qu'elle ne peut le retenir*.

Et pourtant, cette noble et pauvre France n'est-elle pas toujours le royaume de Marie? Nous nous plaisons à le croire, malgré nos égarements et nos déchéances, et notre conviction s'étaye sur les nombreux témoignages de la maternelle bienveillance de la Sainte-Vierge envers notre chère patrie dans ces derniers temps. Depuis l'apparition de la Salette, Marie s'est montrée prodigue de manifestations envers notre pays.

A Lourdes, elle se manifeste dans de nombreuses apparitions, à une humble enfant des montagnes, dans une grotte ignorée. Les foules accourent, la force publique veut leur barrer le passage, elles passent quand même. Et là, dans cette vallée jadis inconnue, se renouvellent les merveilles de la Salette : un temple aérien se dresse majestueux, un torrent est refoulé, des voies spacieuses et de vastes promenades remplacent les roches abruptes, et, chaque année, les pèlerins accourent par centaines de mille. Là aussi les miracles abondent, les grâces pleuvent, c'est une terre bénie connue de l'univers entier.

A Pontmain, au sein même de nos désolations, comme l'étoile du salut au milieu d'une nuit d'orage, la Vierge apparaît encore à de jeunes enfants, eux seuls peuvent la voir. C'est toujours aux enfants que Marie se manifeste, la Vierge Immaculée aime les cœurs innocents. Et Pontmain, comme Lourdes et la Salette, possède maintenant son sanctuaire aimé des foules catholiques.

Et que d'autres marques de maternel amour ne pourrions-nous pas invoquer? Que de dévotions bénies de Dieu et de sa sainte Mère ! Qui ne connaît Notre-Dame des Victoires qui a ramené au bercail tant d'âmes égarées? Qui n'a entendu parler de Notre-Dame du Sacré Cœur, dévotion née d'hier et qui compte quinze millions d'associés dans le monde catholique? Voici encore, Notre-Dame des Enfants qui groupe sous son aile tutélaire, les générations naissantes menacées par le lion infernal, cherchant une proie à dévorer, et qui, elle aussi possède un sanctuaire magnifique élevé par la piété de ses enfants. Et tant d'autres qu'il serait trop long d'énumérer.

Et tous ces sanctuaires antiques ou modernes, reconstruits ou restaurés ; et tous ces pèlerinages hier oubliés, aujourd'hui remis en honneur et revoyant, comme par le passé, les populations accourir pour ss mettre sous la protection de la Mère du Christ ! Ne sont-ce pas là de témoignages irrécusables d'une protection spéciale ? Ne sont-ce pas là aussi des preuves éclatantes que si Marie aime la France, la France espère en Marie?

Marie reprend donc réellement possession de cette France, son royaume de prédilection. En présence de ces nombreuses marques de faveur de la Reine du ciel envers notre pays, de ces manifestations grandioses, si fréquentes dans un siècle qui se proclame matérialiste et athée, y a-t-il lieu de s'étonner si la rage des ennemis de Dieu, de l'Église et du surnaturel redouble, si, terrassés par des faits éclatants et indéniables, ils cherchent à entraver, fût-ce par la force et la persécution, l'œuvre divine qui se poursuit sereine et calme, malgré les soulèvements des passions humaines et les colères des sectes coalisées.

Oui, notre espérance en Marie ne saurait faillir, notre confiance en cette Reine et Mère ne saurait s'amoindrir. N'est-elle pas puissante, à elle seule, au dire des Livres saints, comme une armée rangée en bataille? Elle délivrera l'Église et la France chrétienne des embûches de l'ennemi, elle détournera d'Elles les traits de leurs nombreux adversaires; elle placera de nouveau, au front de notre patrie régénérée, ce glorieux diadème que jadis elle portait quand elle était la grande nation.

A nous catholiques de hâter, par nos prières et nos œuvres méritoires, l'instant de cette heureuse délivrance, de fléchir le courroux de Dieu, en aidant de tous nos efforts, au retour des populations à la pratique de sa sainte loi.

Bourges, Pigelet et fils et Tardy, imprimeurs, rue Joyeuse, 15.